CD 1 75:43 Minuten
Freitag, 12. Juni 1942 – Sonntag, 27. September 1942

CD 2 79:20 Minuten
Montag, 28. September 1942 – Mittwoch, 10. März 1943

CD 3 78:42 Minuten
Freitag, 12. März 1943 – Dienstag, 10. August 1943

CD 4 77:58 Minuten
Freitag, 10. September 1943 – Freitag, 28. Januar 1944

CD 5 78:40 Minuten
Freitag, 28. Januar 1944 – Donnerstag, 16. März 1944

CD 6 78:39 Minuten
Freitag, 17. März 1944 – Sonntag, 16. April 1944

CD 7 78:16 Minuten
Montag, 17. April 1944 – Dienstag, 6. Juni 1944

CD 8 48:02 Minuten
Freitag, 9. Juni 1944 – Dienstag, 1. August 1944

CD 9 39:20 Minuten
Buddy Elias, Anne Franks Cousin, liest einen Brief von Anne Franks Vater Otto H. Frank

Zu diesem Buch

Anne Frank führte vom 12. Juni 1942 bis 1. August 1944 Tagebuch. Bis zum Frühjahr 1944 schrieb sie ihre Briefe nur für sich selbst. Dann hörte sie im Radio aus London den niederländischen Erziehungsminister im Exil, der davon sprach, dass man nach dem Krieg alles über die Leiden des niederländischen Volkes während der deutschen Besatzung sammeln und veröffentlichen müsse. Als Beispiel führte er unter anderem Tagebücher an. Unter dem Eindruck dieser Rede beschloss Anne Frank, nach Kriegsende ein Buch zu veröffentlichen. Ihr Tagebuch sollte dafür als Grundlage dienen.

Sie begann, ihr Tagebuch ab- und umzuschreiben, korrigierte, ließ Passagen weg, die sie für uninteressant hielt, und fügte anderes aus ihrer Erinnerung hinzu. Gleichzeitig führte sie ihr ursprüngliches Tagebuch weiter, das in der Kritischen Ausgabe* »Fassung a« genannt wird, im Unterschied zu »Fassung b«, dem umgearbeiteten zweiten Tagebuch. Ihr letzter Eintrag datiert vom 1. August 1944. Am 4. August wurden die acht untergetauchten Juden von der »Grünen Polizei« abgeholt.

Miep Gies und Bep Voskuijl stellten noch am Tag der Verhaftung die Aufzeichnungen Anne Franks sicher. Miep Gies bewahrte sie in ihrem Schreibtisch auf und übergab sie ungelesen Otto H. Frank, Annes Vater, als endgültig feststand, dass Anne nicht mehr lebte.

Otto Frank entschloss sich nach reiflicher Überlegung, den Wunsch seiner toten Tochter zu erfüllen und ihre Aufzeichnungen als Buch zu veröffentlichen. Dazu stellte er aus beiden Fassungen von Anne, der ursprünglichen (Fassung a) und der von ihr selbst umgearbeiteten (Fassung b), eine gekürzte dritte (Fassung c) zusammen. Der Text sollte in einer Buchreihe erscheinen, deren Umfang vom niederländischen Verlag vorgegeben war.

Als das Buch 1947 in den Niederlanden erschien, war es noch nicht üblich, ungezwungen über sexuelle Themen zu schreiben, besonders nicht in Jugendbüchern. Ein anderer wichtiger Grund, ganze Passagen oder bestimmte Formulierungen nicht aufzunehmen, war, dass Otto Frank das Andenken an seine Frau und die anderen Schicksalsgenossen des Hinterhauses schützen wollte. Anne Frank schrieb im Alter von dreizehn bis fünfzehn Jahren und äußerte in ihren Aufzeichnungen ihre Abneigungen und ihren Ärger ebenso deutlich wie ihre Zuneigungen.

Otto Frank starb 1980. Die Originalaufzeichnungen seiner Tochter vermachte er testamentarisch dem Rijksinstituut voor Oorlogsdocumentatie (Niederländisches Staatliches Institut für Kriegsdokumentation) in Amsterdam. Da seit den fünfziger Jahren die Echtheit des Tagebuchs immer wieder angezweifelt wurde, ließen die Wissenschaftler des Instituts sämtliche Aufzeichnungen prüfen. Erst als die Echtheit zweifelsfrei feststand, veröffentlichten sie sämtliche Tagebuchaufzeichnungen von Anne Frank, zusammen mit den Ergebnissen ihrer Forschungen. Sie hatten dabei unter anderem die familiären Hintergründe, die Umstände der Verhaftung und Deportation, die verwendeten Schreibmaterialien und die Schrift von Anne Frank untersucht und in ihrem umfangreichen Werk auch die Verbreitung des Tagebuchs beschrieben.

Der ANNE FRANK-Fonds, Basel, der als Universalerbe von Otto Frank sämtliche Autorenrechte seiner Tochter geerbt hat, entschloss sich, von den nun vorliegenden Texten Anne Franks weitere Passagen in die neue Fassung aufzunehmen. Die von Otto Frank geleistete editorische Arbeit, die dem Tagebuch zu großer Verbreitung und politischer Bedeutung verholfen hat, wird dadurch in keiner Weise geschmälert. Mit der Redaktion wurde die Autorin und Übersetzerin Mirjam Pressler beauftragt. Dabei wurde die Fassung von Otto Frank ungeschmälert übernommen und durch weitere Passagen der Fassungen a und b des Tagebuchs ergänzt. Die von Mirjam Pressler vorgelegte, vom ANNE FRANK-Fonds autorisierte Fassung ist gut ein Viertel umfangreicher als die bisherige Veröffentlichung. Sie soll dem Leser einen tiefen Einblick in die Welt der Anne Frank ermöglichen.

Ende der neunziger Jahre tauchten fünf bisher unbekannte Manuskriptseiten auf. Mit Erlaubnis des ANNE FRANK-Fonds, Basel, wurde in die vorliegende Ausgabe eine längere

Passage mit dem Datum 8. Februar 1944 aufgenommen und dem bereits existierenden Eintrag desselben Datums hinzugefügt. Die kurze Fassung des Eintrags vom 20. Juli 1942 wurde nicht berücksichtigt, weil bereits eine ausführlichere Version im Tagebuch existiert. Ferner wurde der Eintrag vom 7. November 1942 auf den 30. Oktober 1943 verschoben, wo er nach neuesten Erkenntnissen hingehört. Für weitere Informationen wird auf die revidierte und erweiterte 5. Auflage von *Dagboeken van Anne Frank,* Nederlands Instituut voor Oorlogsdocumentatie, Amsterdam, Uitgeverij Bert Bakker, 2001, hingewiesen.

Als Anne Frank ihre zweite Version (Fassung b) schrieb, legte sie fest, welche Pseudonyme sie den Personen in einem zu veröffentlichenden Buch geben wollte. Sich selbst wollte sie zuerst Anne Aulis, dann Anne Robin nennen. Otto Frank hat diese Namen nicht übernommen, sondern seinen Familiennamen beibehalten; ihre Namensvorschläge für die anderen Personen hat er hingegen berücksichtigt. Die Helfer, die heute allgemein bekannt sind, verdienen es, namentlich genannt zu werden; die Namen aller anderen Personen entsprechen der Kritischen Ausgabe: In Fällen, in denen die Personen anonym bleiben wollten, wurden die vom Rijksinstituut willkürlich gewählten Anfangsbuchstaben übernommen.

Die richtigen Namen der Versteckten waren: Familie van Pels (aus Osnabrück):
Auguste (geboren 29.9.1890), Hermann (geboren 31.3.1889), Peter (geboren 8.11.1926) van Pels; im Buch: Petronella, Hermann und Peter van Daan.
Fritz Pfeffer (geboren 1889 in Gießen); im Buch genannt: Albert Dussel.

* Die Tagebücher der Anne Frank. Rijksinstituut voor Oorlogsdocumentatie / Niederländisches Staatliches Institut für Kriegsdokumentation (Hrsg.). Übersetzt von Mirjam Pressler. S. Fischer Verlag, Frankfurt am Main 1988.

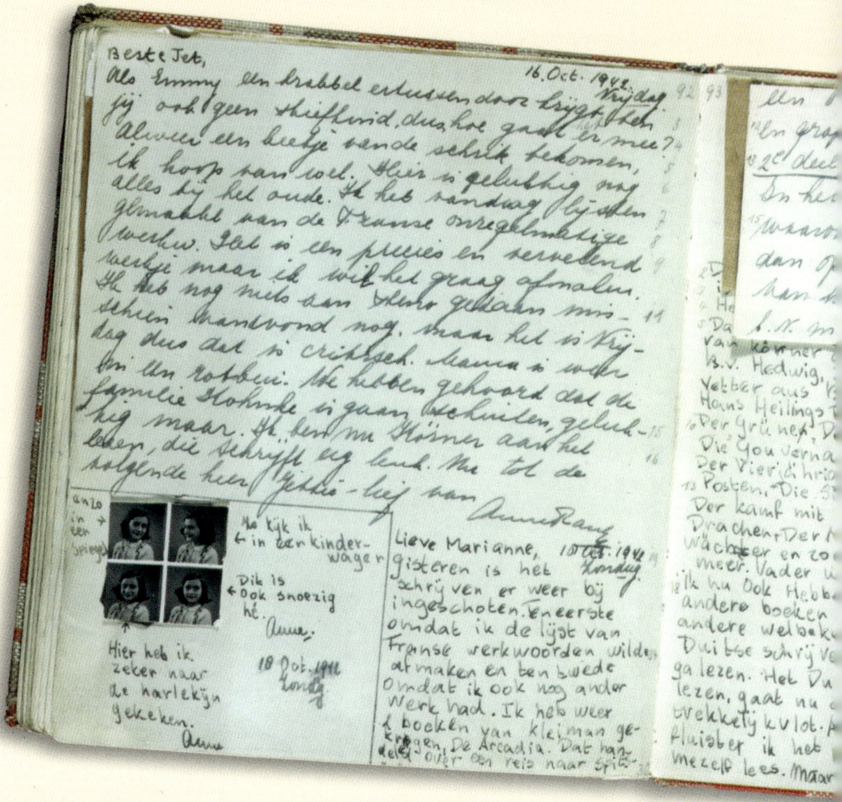
Beste Jet,
16. Oct. 1942. Vrijdag
Als Emmy een krabbel ertussendoor krijgt, kan jij ook geen stiefkind, dus hoe gaat 't er mee?
Alweer een beetje van de schrik bekomen, ik hoop van wel. Hier is gelukkig nog alles bij het oude. Ik heb vandaag lijsten gemaakt van de Franse onregelmatige werkw. Dat is een precies en vervelend werkje maar ik wil het graag afmaken. Ik heb nog niets aan Duits gedaan mis-schien maandavond nog. maar het is Vrij-dag dus dat is critiesch. Mama is weer in een rotbui. We hebben gehoord dat de familie Kohnke is gaan verhuizen, geluk-kig maar. Ik ben nu Körner aan het lezen, die schrijft erg leuk. Nu tot de volgende keer, Jettie-lief van
Anne Frank
zo in een spiegel
Hier kijk ik in een kinderwagen
Dit is ook snoezig hè. Anne
Hier heb ik zeker naar de harlekijn gekeken. Anne
18 Oct. 1942 Zondag
Lieve Marianne, 18 Oct. 1942 Zondag.
gisteren is het schrijven er weer bij ingeschoten. Ten eerste omdat ik de lijst van Franse werkwoorden wilde afmaken en ten tweede omdat ik ook nog ander werk had. Ik heb weer 2 boeken van Kleiman gekregen, De Arcadia. Dat handelt over een reis naar Spits-
Van Körner
B.V. Hedwig,
Vetter aus
Hans Heilings
Der Grüne, D
Die Gouverna
Posten, Die
Der Kampf mit
Drachen, Der
Wächter en zo
meer. Vader
ik nu ook Hebb
andere boeken
andere welbek
Duitse schrijv
ga lezen. Het Du
lezen, gaat nu
trekkelijk vlot.
fluister ik het
mezelf lees. Maar

Nachwort

Am 4. August 1944 hielt vormittags zwischen zehn und halb elf Uhr ein Auto vor dem Haus Prinsengracht 263. Ihm entstiegen der uniformierte SS-Oberscharführer Karl Josef Silberbauer und mindestens drei holländische Helfer von der Grünen Polizei, in Zivil, aber bewaffnet. Es ist sicher, dass das Versteck verraten wurde. Der Lagerarbeiter W.G. van Maaren wurde ernsthaft verdächtigt. Zwei Strafuntersuchungen führten jedoch zu keinen Ergebnissen, die juristisch für eine Anklageerhebung ausgereicht hätten.

Die »Grüne Polizei« verhaftete alle acht Untergetauchten sowie die beiden Helfer Viktor Kugler und Johannes Kleiman – nicht aber Miep Gies und Elisabeth (Bep) Voskuijl – und nahm alle Wertsachen und noch vorhandenes Geld an sich.

Nach der Verhaftung wurden Kugler und Kleiman am selben Tag ins Untersuchungsgefängnis am Amstelveensweg gebracht und einen Monat später in jenes an der Weteringschans in Amsterdam überführt. Ohne Prozess wurden sie am 11. September 1944 ins Polizeiliche Durchgangslager Amersfoort verbracht. Kleiman wurde am 18. September 1944 aus gesundheitlichen Gründen entlassen. Er starb 1959 in Amsterdam. Kugler gelang erst am 28. März 1945 die Flucht, kurz bevor er zum Arbeitseinsatz nach Deutschland abtransportiert worden wäre. Er wanderte 1955 nach Kanada aus und starb 1981 in Toronto. Elisabeth (Bep) Wijk-Voskuijl starb 1983 in Amsterdam. Miep Gies-Santrouschitz lebt noch in Amsterdam.

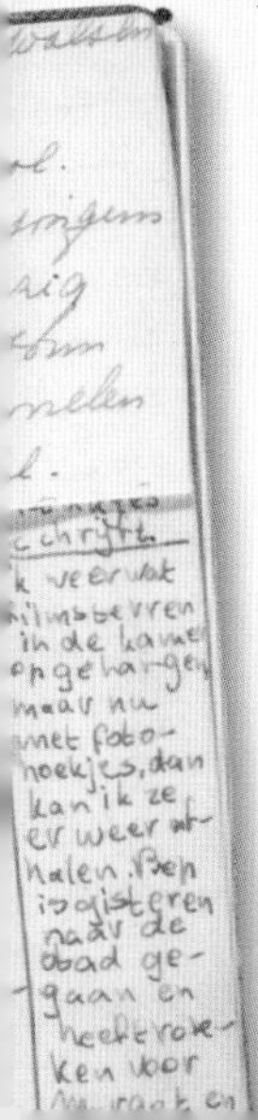

Die Juden kamen nach ihrer Verhaftung für vier Tage in die Haftanstalt in der Weteringschans in Amsterdam; dann wurden sie in das niederländische »Judendurchgangslager« Westerbork überführt. Mit dem letzten Transport, der von dort in die Vernichtungslager im Osten ging, wurden sie am 3. September 1944 deportiert und erreichten nach drei Tagen Auschwitz in Polen.

Hermann van Pels (van Daan) ist laut den (nachträglichen) Feststellungen des niederländischen Roten Kreuzes noch am Tag der Ankunft, am 6. September 1944, in Auschwitz vergast worden. Nach Aussagen von Otto Frank wurde er jedoch erst einige Wochen später, also im Oktober oder November 1944, kurz vor dem Ende der Vergasungen, umgebracht. Auguste van Pels wurde von Auschwitz über Bergen-Belsen und Buchenwald am 9. April 1945 nach Theresienstadt und von dort offensichtlich noch weiter verschleppt. Ihr Todesdatum ist nicht bekannt.

Peter van Pels (van Daan) wurde am 16. Januar 1945 in einem der Evakuierungsmärsche von Auschwitz nach Mauthausen (Österreich) verschleppt, wo er am 5. Mai 1945, nur drei Tage vor der Befreiung, starb.

Fritz Pfeffer (Albert Dussel) starb am 20. Dezember 1944 im KZ Neuengamme; dorthin war er über das KZ Buchenwald oder das KZ Sachsenhausen gekommen.

Edith Frank starb am 6. Januar 1945 im Frauenlager Auschwitz-Birkenau an Hunger und Erschöpfung.

Margot und Anne wurden Ende Oktober mit einem so genannten Evakuierungstransport in das KZ Bergen-Belsen in der Lüneburger Heide deportiert. Als Folge der katastrophalen hygienischen Zustände brach dort im Winter 1944/45 eine Typhusepidemie aus, der Tausende der Häftlinge zum Opfer fielen; darunter waren auch Margot und wenige Tage später Anne Frank. Ihr Todesdatum muss zwischen Ende Februar und Anfang März liegen. Die Leichen der beiden Mädchen liegen wahrscheinlich in den Massengräbern von Bergen-Belsen. Am 12. April 1945 wurde das Konzentrationslager von englischen Truppen befreit.

Otto Frank überlebte als Einziger der acht Untergetauchten die Konzentrationslager. Nach der Befreiung von Auschwitz durch russische Truppen gelangte er mit dem Schiff über Odessa nach Marseille. Am 3. Juni 1945 traf er in Amsterdam ein und lebte dort bis 1953; dann übersiedelte er in die Schweiz, nach Basel, wo seine Schwester mit ihrer Familie und sein Bruder lebten. Er heiratete Elfriede Geiringer, geborene Markowits, aus Wien, die wie er Auschwitz überlebt und Mann und Sohn im KZ Mauthausen verloren hatte. Bis zu seinem Tod am 19. August 1980 lebte Otto Frank in Birsfelden bei Basel und widmete sich dem Tagebuch seiner Tochter Anne und der Verbreitung der darin enthaltenen Botschaft.